Lob der Kalkleiste

Winfried Henze

Lob der Kalkleiste

und allerlei zum Schmunzeln über ihre Träger.
Dazu einiges, was einem beim Nachdenken
über längst vergangene Zeiten
so alles einfallen kann.

Mit Illustrationen von
Claudia Gabriele Meinicke

monika fuchs

www.verlag-monikafuchs.de
www.limonarte.de

Bibliografische Informationen der Deutschen Nationalbibliothek:
Die Deutsche Nationalbibliothek verzeichnet diese Publikation in der Deutschen Nationalbibliografie;
detaillierte bibliografische Daten sind im Internet über http://dnb.d-nb.de abrufbar.

ISBN 978-3-947066-95-7

Text: Winfried Henze | Adlum
Illustrationen: Claudia Gabriele Meinicke | Merseburg
Covergestaltung: AliciaQ. | Bilder: Adobe Stock – Rauchfaß: © Jan Tepass | Kalkleiste (Priesterkollar): ©Anyka
Layout und Satz: Die Bücherfüxin | www.buecherfuexin.de

Printed in Poland 2024 | www.bookpress.eu

Inhaltsverzeichnis

Liebe Leserinnen und Leser!

Zum Geleit

Bitte erlauben Sie mir, ehe es losgeht, ein persönliches Wort. Ich bin inzwischen in einem Alter, in dem alle paar Jahre ein Jubiläum herannaht. Zurzeit ist es mal wieder so weit. So denke ich jetzt zuweilen über all die Jahre nach, über die Menschen, denen ich begegnet bin, nicht zuletzt über die Schar meiner geistlichen Mitbrüder, von denen die allermeisten längst in der Ewigkeit angekommen sind.

Ein höchst mannigfaltiges Bild entfaltet sich da! Herzlich lade ich Sie ein, es mit Spaß zu betrachten, und dabei auch in eigenen Erinnerungen zu stöbern. Manchmal bringt einen dieser »Blick zurück« zum Nachdenken über Heutiges und kann uns Mut machen. Wie schnell verliert Bedrängendes seine Kraft! So jedenfalls empfand ich es zum Beispiel beim Besuch der »antirömischen Wallfahrtsorte« hier im Norden Deutschlands, die doch einst bitterernste Emotionen weckten – und heute eher zur Erheiterung beitragen, sodass ich mit Spaß im Schlusskapitel davon erzählen kann.

Viel Freude beim Lesen!
Ihr
Winfried Henze

Respekt vor den Trägern der Kalkleiste?

Lasst uns mal in den autoritären Nebel pusten

In unseren Tagen ist auf das Miteinander von Priester und Gemeinde durch die furchtbaren Missbrauchsfälle ein tiefer Schatten gefallen, und mit Recht wird gefragt: Ist ein harmloses Erzählen wie in den Zeiten von Don Camillo und Peppone überhaupt noch angebracht?

Wir alle haben gelernt, dass der Respekt vor dem priesterlichen Amt und die Sorge um das Ansehen der Kirche nicht dazu führen dürfen, dass Straftaten verschleiert werden, die Note der Opfer nicht beachtet und Kinder nicht gehört werden, wenn sie von ihrer Bedrängnis sprechen wollen. Da sind auch die Geduldigsten in den Gemeinden dankbar, dass in unserer Kirche endlich aufgedeckt und durchgegriffen wird, vielleicht sogar mehr und besser als in anderen Bereichen der Gesellschaft.

Niemals darf man Träger eines hohen Amtes und großer Verantwortung in einen Nebel der Unantastbarkeit hüllen, der genaues Hinsehen verhindert und Unterwürfigkeit erzeugt, im Staat darf man das nicht, beim Sport nicht, in der Publizistik nicht und am wenigsten in der Kirche.

Aber lässt sich falscher Respekt in der Kirche wirklich nur mit jenem bitter-ernsten Kampf gegen die »klerikalen Machtstrukturen« verhindern, zu dem einige beim »Synodalen Weg« aufgerufen haben? Hilft es nicht oft viel besser, wenn man in den autoritären Nebel hineinpustet und von hohen Herren Geschichten erzählt, die menschliche Schwächen aufdecken? Wo ein bisschen wohlwollendes Augenzwinkern erlaubt ist, wirkt Kritik nicht selten durchaus erfolgreich, ohne zu verletzen. Und umgekehrt wird jedem ermöglicht, »denen da oben« auch mal verdientes Lob auszusprechen, ohne damit schon wieder falsche Autorität zu fördern.

Gibt es noch geistliche »Originale«?

Zuweilen erinnere ich mich an ein Gespräch, das vor Jahren ein Mitbruder mit dem damaligen Bischof geführt hat. Er soll er dem hohen Herrn geklagt haben: »Ach, Exzellenz, die Zeiten sind so ernst geworden. Die Originale im schwarzen Rock werden immer seltener.« Der Bischof aber soll ihm tröstend geantwortet haben: »Lieber Mitbruder, Sie sind auf dem besten Wege, eins zu werden ...«

Haben wir Priester nicht alle Grund, über dieses Thema nachzudenken, Grund auch zu großer Dankbarkeit gegenüber unseren Gemeinden, die uns mit unseren »Macken« ertragen? Was für eine Umstellung bedeutet es doch für sie, wenn ihr Pfarrer versetzt wird und sie sich an den total anderen Stil gewöhnen müssen, den der Nachfolger mitbringt! Und meist sind sie dazu bereit. Gewiss helfen sie sich, wenn's allzu »originell« wird, auch durch ein bisschen gutmütigen Spott – der fast immer nichts anderes ist als ein untrügliches Zeichen echt christlichen Wohlwollens.

Historisch exakt?

So ist unser »Lob der Kalkleiste« gemeint. Von den vielseitigen Aspekten dieses unpraktischen weißen Halsringes (korrekt »Kollar« genannt) und seinen Trägern soll in diesem Büchlein ein wenig erzählt werden.

Erlebtes und Gehörtes aus längst vergangenen Zeiten kommt da zusammen, gewiss nicht alles mit »historisch exaktem« Anspruch. So manche Einzelheit ist ja erst beim häufigen Weitererzählen, ja sogar in der persönlichen Erinnerung wie von allein dazugekommen. Aber auch solche, oft recht farbige Details sollen hier nicht weggelassen werden, denn sie lassen erkennen, was den Menschen bemerkenswert war, Zeitgenossen wie Späteren, wie Ereignisse oder Persönlichkeiten gewirkt haben und wie man sie eingeschätzt hat – dabei nicht selten in der Treffsicherheit Archivare und genau arbeitende Chronisten überbietend.

Manchmal staune ich selbst darüber, wie farben- und kontrastreich das Bild wird, das vor unseren Augen entsteht, wenn von Priestern längst vergangener oder auch heutiger Zeit erzählt wird, wie unterschiedlich und kritisch sie selber zuweilen auch gegenseitig den Stil ihrer Mitbrüder im Sprechen und Auftreten beurteilt haben.

Klerikale Macht

Klerikales Machtgehabe unterliegt, wie gesagt, heutzutage zu Recht herber Kritik, doch ich muss zugeben: Meine erste Erfahrung auf diesem Gebiet, die ich als Achtjähriger gemacht habe, war zwar sehr wirksam, hat jedoch kein Trauma ausgelöst. Damals fanden alle, ja, am Ende auch ich selber, das Geschehen ganz selbstverständlich, maßvoll und nutzbringend. Hinzu kommt, dass die Respektsperson, von der es ausging, gar kein Priester war, doch habe ich damals auch von dem nicht minder umstrittenen Phänomen des »Laien-Klerikalismus« keine seelische Wunde davongetragen.

Lassen Sie mich erzählen:

Vor der Messe hatte ich mich mit einem Mitschüler gezankt, und wir hatten angefangen, uns gegenseitig Kraftausdrücke an den Kopf zu werfen. Unglücklicherweise kam der Betreffende dann in der Kirche auf einen Platz direkt hinter mir, und so setzte sich der unangebrachte Dialog noch in der Messe fort, wobei ich schließlich aufstand und mich umwandte, um meinem Kontrahenten meine Meinung ins Gesicht zu sagen. Doch da hatte ich nicht mit einer wichtigen

Institution unserer Gemeinde gerechnet. Sie bestand aus einem würdigen Herrn. der durch seinen Stab in der Hand leicht an einen Bischof, durch seinen roten Talar gar an einen Kardinal erinnerte und von den Leuten allgemein der »Domschweizer« genannt wurde. Er ging gemessenen Schrittes durch die Kirche, zweifellos mit dem Herzen ganz beim Geschehen am Altar, aber mit seinen wachen Augen auch beim mitfeiernden Gottesvolk. Als er an unserer Bank vorbeikam, holte er mich wortlos mit einem Wink des Zeigefingers heraus, ließ mich im Mittelgang stehen (oder knien) und setzte seine Runde fort. Ich spürte, wie alle Augen auf mich gerichtet waren. Peinlich, peinlich! Es war eine Erlösung, als er wieder vorbeikam und mich mit einem Wink zurück in die Bank ließ.

Gewiss bin ich durch dieses Erleben kirchlicher Autorität weder zum Musterknaben noch zum frühen Revolutionär geworden. Aber immerhin genügte bei ähnlichem Verhalten, das ich später als Halbstarker bei der Katechese in der Göttinger St. Pauluskirche an den Tag gelegt hatte, ein Stirnrunzeln des Herrn Dechanten, um mich zur Tugend zurückzurufen.

Spott und Confraternität

Unsere Einsicht, ein bisschen Spott könne doch dem Ansehen der hohen Geistlichkeit nicht schaden, ist offenbar uralt. Jedenfalls gibt es genug Beispiele aus längst vergangenen Zeiten, wie unbefangen die Herren selber damit umgegangen sind.

Da meinte ein Domherr zu Hildesheim, einer seiner Mitbrüder sei doch wohl allzu sehr um seine Gesundheit besorgt, und dazu bemerkte er trocken: »Er predigt immer vom Himmel, aber rein will er nicht!« Oder als Besagter gar vom drohenden Tode sprach: »Er ankt und stöhnt schon wieder, dass er sterben muss, dabei hat er sich gestern erst Kohlen bestellt!«

Selbst in Rom wird an ähnliches erinnert: Auf die lange Regierungszeit Papst Leos XIII. anspielend, hätten sich seinerzeit Kardinäle angewöhnt, nicht mehr von »Seiner Heiligkeit«, sondern von »Seiner Ewigkeit« zu sprechen ...

Das Häslein

Von Kardinal Bertram, dem Erzbischof des Riesenbistums Breslau, wird erzählt, dass er, der trockene Niedersachse, mit der gemütvollen Herzlichkeit vieler schlesischer Priester nicht viel anzufangen wusste.

In einer großen Priesterkonferenz, so wird berichtet, sei das segensreiche Wirken eines Paters in höchsten Tönen gerühmt worden: »Es war ein unvergesslicher Sommertag im Gebirge. So warmherzig hat er da von der Güte des Schöpfers gesprochen, vom Duft der Rosen, vom Gesang der Nachtigallen, von der Milde des schattenspendenden Buchenwaldes, von springenden Rehlein, rauschenden Bächen und erquickenden Quellen. Uns allen wurde da warm ums Herz. Die Tür des Kirchleins stand offen. Da kam doch tatsächlich ein Häslein herangehoppelt, um den Worten des Paters zu lauschen ...«

Bertram: »Das hatte wohl den Kohl gerochen.«

Wer ist der Tote?

In der Berliner Hedwigskathedrale feierte man das Requiem für Bischof Nikolaus Bares. Den hatte der Papst erst vor kurzer Zeit vom Bischofsstuhl in Hildesheim in die Reichshauptstadt versetzt, und so lag es nahe, dass sein Hildesheimer Nachfolger, Bischof Dr. Joseph Godehard Machens, zur Gedenkpredigt eingeladen wurde. Der aber liebte bei der Rede barocke Fülle und kunstvollen Aufbau. An die respektlose »Klappe« der Berliner, auch mancher Priester, hatte er wohl weniger gedacht. Unter zahlreichen Mitbrüdern saß in der Kathedrale auch Johannes Pinsk, bekannt für kluge Anregungen und eine spitze Feder.

Bischof Machens holte bei der Würdigung des Verstorbenen weit aus. Jeden Abschnitt seiner Predigt eröffnete er nach altem Stil mit einer rhetorischen Frage, die er dann detailgenau selbst beantwortete:

»So frage ich: Wer ist der Tote, den wir heute bestatten?«

Vom schönen Moselland war dann die Rede, wo Nikolaus Bares aufgewachsen war, von frommen Eltern, Wallfahrtsorten und Heiligen des Landes und seiner reichen Geschichte.

»Und wieder frage ich: Wer ist der Tote, den wir heute bestatten?«

Jetzt war die Schulzeit des Bischofs Bares dran, die religiöse Einstellung seiner Lehrer, sein theologischer Werdegang. Und feierlich ging's weiter:

»Noch einmal frage ich: Wer ist der Tote, den wir heute bestatten?«

Da aber konnten etliche die Stimme des Johannes Pinsk hören: »Also, danach sollte man sich doch nun wirklich vorher erkundigen!«

Gebührenfrei

Jetzt aber lasst mich ein bisschen selbst Erlebtes zum Lob der Kalkleiste erzählen.

Mit einem Motorroller in die Sommerferien fahren – was gibt es Schöneres! Schon lange hatte ich mich darauf gefreut, denn es sollte zur Segelflugschule Feuerstein gehen, die der überaus tüchtige Jugendseelsorger Jupp Schneider nahe beim Jugendhaus der Erzdiözese Bamberg in Gang gebracht hatte. Endlich war der Tag gekommen. Das wenige Gepäck war schnell in einem Karton verstaut und auf den Gepäckträger des Rollers geschnallt, dabei der »Feriendress«, der weniger Platz brauchte als das geistliche Outfit mit der Kalkleiste. Das hatte ich deshalb anbehalten, einfach einen Schal umgeworfen und eine dicke Jacke über die Dienstmontur gezogen. So hatte ich mich auf meine Lambretta geschwungen und war losgebraust. In Hochstimmung ging es durch die deutschen Lande, Höchstgeschwindigkeit immerhin 75 km/h. Irgendwo im Fränkischen übersah ich ein Stopp-Schild und querte eine Vorfahrtstraße, ohne anzuhalten. Es gab zwar kein Verkehrsproblem, aber am Straßenrand

stand ein Polizeibeamter, der mich mit der Dienstkelle heranwinkte.

»Ist Ihnen klar, was Sie da eben gemacht haben?«

Demütige Antwort: »Ja, ich hätte halten müssen.«

»Wo kommen Sie denn her?«

»Aus Bremen«.

»So weit?«

Tatsächlich: Der Blick aufs Nummernschild bestätigte: Es stimmte.

»Zeigen Sie mal ihren Führerschein!«

Um an das begehrte Dokument zu gelangen, musste ich jetzt meine Jacke aufknöpfen, und dabei kam der verräterische Priesterkragen zum Vorschein.

»Sind Sie ein Pfarrer?«

»Nein, so weit habe ich es noch nicht gebracht. Nur Kaplan.«

Der Beamte schien in tiefes Nachdenken zu verfallen. Schließlich fragte er: »Wollen Sie hier irgendwo Ferien machen?«

»So ist es.«

Dann aber, nach einer Schweigepause, richtete sich der Polizist ganz gerade auf, und mit Amtsmiene fragte er: »Sind Sie mit einer gebührenfreien Verwarnung einverstanden?«

Was sollte ich ihm anders antworten als: »Vielen Dank, Herr Wachtmeister!« Der aber beschloss die Vernehmung, nicht mehr ganz so amtlich, aber umso herzlicher: »Ich wünsche Ihnen einen guten Urlaub im Frankenland!«

Tür nicht richtig zu

Ich weiß nicht, wo es herkommt, aber ich habe immer wieder Zeichen geradezu brüderlichen Einvernehmens zwischen Priestern und der Polizei erlebt, sogar international.

Beim Katholikentag in Hannover 1962 war für uns oft Eile angezeigt, und so waren wir zu dritt in einem VW-Käfer reichlich schnell unterwegs. Plötzlich ein Schreckensruf: »Die weißen Mäuse!« Tatsächlich fuhr direkt neben uns eine Motorradstreife der Verkehrspolizei. Eine harte Mahnung und die Ankündigung einer Anzeige erwartend drehte unser Mitbruder am Steuer die Seitenscheibe herunter. Aber da erlebten wir, dass einer der Beamten uns Kalkleistenträger scharf musterte, um dann zu rufen: »Wollte Sie nur aufmerksam machen: Ihre rechte Tür ist nicht richtig zu!« Mit Vollgas brausten sie davon. Wir aber setzten unsere Fahrt mit sauber eingehaltener Tempogrenze fort ...

Lastesel Padrecito

Mit einer kleinen Journalistengruppe war ich im Auftrag von »Misereor« und »Adveniat« in Lateinamerika unterwegs, und da es durch mehrere Staaten ging, mussten wir öfter durch Zoll- und Passkontrollen. Dabei fiel mir alsbald eine unerwartete Aufgabe zu. Die Kollegen hatten bei der Reise manches interessante Souvenir erworben, mit Mustern der indigenen Kultur bemalte Kalebassen oder Tonvasen zum Beispiel, und waren nun bange, diese Konterbande beim Ex- oder Import wieder herausgeben, zumindest aber jeweils verzollen zu müssen. Ähnliches befürchteten sie für ihre wertvollen Kameras. Ihr Ausweg: Sobald wir den Flieger verlassen hatten und der Kontrollstelle zustrebten, wurde ich zum Packesel für all diese kostbaren Dinge.

Und tatsächlich: Während die »Zivilisten« eifriger Kontrolle unterzogen wurden, galt mir schon beim Herannahen der freundliche Gruß: »Oh, el Padrecito!« Und temperamentvoll wurde ich durchgewunken.

Noch heute ist mir eine Szene auf dem Flughafen von Lima in Erinnerung, wie in der Nachbarbox Herr Dr. Hoffacker, Adveniatchef und ganz sicher mit seinem Pass voller Ein- und Ausreisestempel leicht als Prominenz erkennbar, seinen Koffer öffnen und alles bis aufs letzte Hemd vorzeigen musste. »Grüß Gott, Herr Doktor!« rief ich zu ihm hinüber, in dessen Auftrag ich ja unterwegs war, und dankbar muss ich bekennen, dass er mir mein fröhliches Gesicht, das ich dabei gezeigt habe, nicht übelgenommen hat.

What a pity!

Wirklich spannend aber wurde es erst bei der Rückreise. Sie war so geplant, dass wir in New York fast einen Tag lang Zeit bis zum Anschlussflug hatten, eine Chance, wenigstens kurz die Weltstadt zu erleben, vielleicht mit dem Expresslift aufs Rockefeller-Center zu fahren, die phantastische Aussicht zu genießen, oder vom Battery-Point zur Insel mit der Freiheitsstatue hinüberzuschauen.

»Vergiss deinen Impfpass nicht!«, hatten mich die Kollegen gewarnt. »Beim Thema Gesundheit kennen die Amis keine Gnade!« Aber ausgerechnet dieses Dokument konnte ich nicht finden. War es ins aufgegebene Gepäck geraten? Ich sah meine Hoffnung dahinschwinden, fasste mir dann aber ein Herz und wollte wenigstens einen Versuch wagen. Mit demütigem Antlitz zeigte ich dem Beamten meinen Reisepass ohne das so wichtige Impf-Dokument. Als er mich kritisch musterte, bemerkte ich kleinlaut, fast bittend: »It's for a one-day-stay only.« Er aber machte nur eine einladende Handbewegung und sagte: »Oh, father, what a pity!«

Die Kollegen, denen ich beim Weiterflug die Geschichte erzählt habe, bemerkten nur: »Kein Wunder! Du hattest wohl wieder deinen Kragen um. Die Polizisten in New York haben fast alle einen irischen, also katholischen Background!«

Zu dieser Story gibt es noch eine österreichische Variante. Dr. Nikolaus Wyrwoll, der lange beim vatikanischen Amt für die Einheit der Christen gearbeitet hat, wollte, so wird erzählt, in die Alpenrepublik einreisen.

Grenzer: »Ham's an Pass?«

Den hatte der Herr Prälat ganz sicher, er fand ihn aber nicht gleich an gewohnter Stelle, und so fing er an, in seiner Tasche zu suchen. Es wollte nicht klappen. Schließlich sagte der Beamte mit milder, geradezu tröstender Stimme: »Schon recht. Wann's einen g'habt hätten, hätten's den müssen vorweisen.«

Und wenn's ernst wird

So manchen Spaß haben wir mit der Kalkleiste erlebt. Einmal aber wurde es bei mir sehr ernst. Nach Mitternacht wurde ich vom Telefon aus dem Schlaf gerissen: »Unser Nachbar, der alte Karl, ist eben mit Blaulicht abgeholt worden, ins Krankenhaus. Soll ein Schlaganfall sein!«

Um diese Stunde noch rumtelefonieren, um einen Seelsorger am Ort zu alarmieren? Hat keinen Sinn. Also los! Schnell angezogen, aus der Kirche die heilige Hostie geholt, ins Auto. Die Straßen waren zu dieser Nachtstunde frei, und glücklicherweise wusste ich ungefähr, wo in der großen Stadt diese Klinik liegt. An der Rezeption hatte man offenbar an meinem Priesterkragen sofort erkannt, was ich zu dieser ungewohnten Zeit wollte. Ich sagte den Namen des

Patienten, erfuhr Station und Zimmer und lief los. Ein paarmal kam ich in dem verzweigten Gebäude an Ecken vorbei, wo um diese Zeit kein Besucher durchgelassen worden wäre. Ich rief nur Stations- und Zimmernummer und erhielt sofort Auskunft, zum Beispiel: »Geradeaus, dann rechts zum Aufzug, zwei Etagen rauf!«

Ich traf den Schwerkranken noch bei Bewusstsein an, konnte ihm die Sakramente spenden und habe noch lange sein dankbares Lächeln in Erinnerung behalten.

Dank der Kalkleiste ...

Ein Nachtrag zwischendurch

So hat die Kalkleiste oft wirksam geholfen, und eigentlich ist es schade, dass sie für manche Kritiker zum Markenzeichen der Konservativen geworden ist. Sie hat sich nämlich als durchaus wandlungsfähig erwiesen und bei vielen Priestern, auch Bischöfen, die Form des »Oratorianerkragens« angenommen. Diese Kombination von normalem Oberhemd und schwarzem Pullover ist bequemer und weist doch den Träger deutlich als Angehörigen des Klerus aus. Ein Beitrag zur Vereinbarkeit von Tradition und Fortschritt.

Übrigens taucht sie neuerdings doch in der alten Form wieder auf und lässt somit über die Nachhaltigkeit kirchlicher Reformen grübeln. Mich erinnert sie an eine Mahnung, die einst meine Oma an meine Schwester gerichtet haben soll, als der ihr bestes Kleid nicht mehr gefiel: »Mädchen, wirf das Kleid nicht weg! Häng es in den Schrank! Ich wette: In ein paar Jahren wird es wieder Mode ...«

Kinder bringen es auf den Punkt

Nicht immer zum Vergnügen der geistlichen Herren

Wenn's gar zu feierlich wird mit dem Klerus, sorgen Kinder zuweilen für die unerwartete Korrektur. Lasst mich erzählen.

Robert Marheineke war als Pfarrer von St. Paulus zu Göttingen genau der richtige Mann. In der ganz überwiegend protestantischen Stadt mit der weltberühmten Universität war er nicht nur der Seelsorger seiner Diasporagemeinde, er sah auch die Aufgabe, gute Kontakte mit der evangelisch-lutherischen Kirche zu pflegen und unter den Gelehrten und Spektabilitäten der Georgia Augusta ein wenig als örtlicher Repräsentant der katholischen Weltkirche zu erscheinen, mit Würde, versteht sich. Er war ein Herr und liebte Feierlichkeit, nicht zuletzt auch beim Gottesdienst, den er gern in der Form des »dreispännigen« Levitenamtes vollzog, zuweilen mit viel Weihrauch und mit einer vorzüglich von seinem Gemeindechor intonierten Messe von Giovanni Luigi da Palestrina.

Manchen in der Gemeinde war das allerdings eine Spur zu viel Feierlichkeit und die hatten ihm den Spitznamen verpasst »Unser Fürstdechant«.

Der in der Mitte?

Ausgerechnet in einem solchen Festgottesdienst soll ein Kind, noch keine vier Jahre alt, unruhig und zappelig geworden sein, sodass die Mutter schließlich, als es zur Wandlung ganz still geworden war in der Kirche, ihr Kind vielleicht ein bisschen zu laut mahnte: »Nun sei mal ein bisschen artig! Hier in der Kirche ist der liebe Gott!« Darauf der Dreikäsehoch, ebenfalls ein paar Bänke weit noch gut zu hören: »Mama, ist das der in der Mitte?«

Ein andermal ereilte es den ökumenisch eingestellten Dechanten bei der Kinderkatechese. Er hatte das Evangelium von der Heilung der zehn Aussätzigen vorgelesen und fragte nun die Kinder: »Warum kam denn nur einer zurück, um Jesus zu danken?« Erst gab es eine Welle Schweigen, dann zeigte ein Zweitklässler auf und rief fröhlich: »Herr Dechant, die anderen waren alle evangelisch!«

Fietjes Enthüllung

Die Tücke der Kinderkatechese musste auch der Pfarrer Bernward Neisen erleben. Er war ganz und gar ein Mann des Volkes, neigte nicht zu geistlich-feierlichem Auftreten, eher zu kräftigen Worten, wenn er sich geärgert hatte. Im Chaos des Kriegsendes hatte er ein hilfloses Kind, das seine Eltern und jeglichen Schutz verloren hatte, in seine Obhut genommen. So wurde das Pfarrhaus zum neuen Daheim für den Kleinen, und dabei blieb es auch, als der Pfarrer nach Bremerhaven-Lehe versetzt wurde, um die dortige Herz-Jesu-Gemeinde zu übernehmen. Dort kannten bald alle den munteren Fietje, der im Pfarrhaus aufwuchs.

Im Familiengottesdienst hatte der Pfarrer das Evangelium vom Pharisäer und Zöllner vorgelesen. »Pharisäer – was waren denn das für Leute?«, fragte er jetzt die Kinder. Auch hier kam nicht gleich eine Antwort, bis sich Fietje meldete: »Das sind die Herren vom Kirchenvorstand!«, krähte er in die Kirche.

Nur den Schlausten

Noch härter soll es dem Bischof von Osnabrück, Wilhelm Berning, bei einem Gemeindebesuch irgendwo in Schleswig-Holstein ergangen sein. Damals war nach dem Tode des Papstes gerade das Konklave in Rom zusammengetreten, um den Nachfolger zu wählen, und der Bischof nutzte die aktuelle Situation, um in einer Kinderkatechese ein bisschen über das hohe Amt an der Spitze der Weltkirche zu sprechen.

»Wer kann denn jetzt Nachfolger werden?«, fragte er die Kinder

»Muss ein Bischof sein!«, hieß die prompte Antwort.

»Egal, ob Kardinal oder nicht?«

Alle einig: »Ja!«

»Egal, aus welchem Land?«

Nochmals alle: »Ja!«

Da wurde der Bischof unvorsichtig und fragte: »Könnte ich das also auch sein?«

Erst Schweigen. Dann zeigt ein Mädchen auf und ruft laut: »Nein!«

Bischof Berning, etwas überrascht: »Und warum nicht?«

Darauf das Kind, ganz sicher, wie aus langer Erfahrung: »Dafür nehmen sie immer nur den Schlausten!«

Grammatikfehler

Das Folgende muss schon länger her sein, denn heute gibt es kaum noch in der Schule eine Klassenarbeit zu Fragen des Katechismus, auch nicht in Bayern, wo unsere Geschichte spielt. Aber ausgerechnet in unseren Tagen, in der Zeit des »Synodalen Weges«, sollen konservative Leute die Story ausgegraben und mit Lust herumgereicht haben.

Ein Kind hatte, so wird erzählt, alle Katechismusfragen wörtlich genau beantwortet – und dennoch keine Eins erhalten. Ein winziger Grammatikfehler soll daran schuld gewesen sein.

Die Frage lautete: »Was sind die Bischöfe der katholischen Kirche?« Und das Kind hatte exakt den Katechismus zitiert: »Die Bischöfe der katholischen Kirche sind die rechtmäßigen Nachfolger der Apostel.«

Aber da hatte es versehentlich »rechtmäßig« in zwei Worten geschrieben ...

Damit er verschwindet

So machen die Kinder mit ihrer Direktheit uns Priestern zuweilen einige Not. Aber haben sie nicht oft auch recht, ganz oder doch ein bisschen? Helfen sie uns nicht manchmal sehr, wenn sie eine Katechese auf eine ganz andere Bahn bringen als ursprünglich geplant?

Ich wollte vom hohen Rang und von der Ästhetik des Gottesdienstes sprechen und fragte die Kinder: »Warum trägt der Priester bei der Messe so kostbare Gewänder?« Antwort eines Jungen: »Damit er darunter verschwindet!«

Stirnrunzeln in der Gemeinde: War das nicht eine Frechheit? Aber ich musste dem Jungen vollständig recht geben. Er hatte sogar, überaus treffend, etwas ausgedrückt, was wir zuvor schon einmal durchgenommen hatten: Der Priester steht am Altar nicht für sich selbst, sondern an Christi Stelle. Er muss wissen, dass seine eigene Person ganz hinter diesem Auftrag zurücktritt.

Stoff zum Nachdenken über ein höchst aktuelles Thema, ausgelöst durch eine Kinderantwort ...

Nothelfer Rolli

Ein andermal ging es um die Hochzeit zu Kana, wo Jesus Wasser in Wein verwandelt und damit nicht nur seine Herrlichkeit offenbart, sondern auch den Bräutigam vor Spott und einer großen Blamage gerettet hat. Um die Sache ein bisschen dramatischer zu machen, erinnerte ich die Kinder an mein erst kürzlich gefeiertes Priesterjubiläum und fragte: »Was hätten unsere Männer wohl gemacht, wenn es im Pfarrgarten plötzlich kein Bier mehr gegeben hätte?« Diesmal aber kam die Antwort sofort: »Die hätten von Rolli was nachgeholt!«

»Rollis rollende Theken«, die örtliche Fachfirma für große Zeltfeste und die dazugehörigen Getränke, die kennt hier jeder. Und schon die Kinder wissen, dass in unserer Pfarrgemeinde bei wichtigen Anlässen in Eigenverantwortung gehandelt wird, Ich konnte nur bestätigen: »Du hast recht. Dafür brauchte Jesus bei uns kein Wunder zu wirken, das hätten wir noch selber geschafft!«

**Nachtrag I.:* Rolli, so wird erzählt, soll dem Jungen persönliche Getränkefreiheit bis zum 14. Lebensjahr gewährt haben.

**Nachtrag II:* In unserem Dorf hat es meines Wissens noch nie eine Theorie-Diskussion über klerikale Macht und die Mündigkeit der Laien gegeben, wohl aber einen sehr selbständigen (und erfolgreichen) Protest, als die Bischöflichen Behörde aus Kostengründen unsere Kirche als »entbehrlich« eingestuft hatte.

Weißdornhecken und Landeplätze des Heiligen Geistes

Eine akademische Rede

Nachdem ausführlich von der Kalkleiste die Rede war, wird es nunmehr Zeit, das Niveau zu heben, in einem doppelten Sinne. Einmal soll dem bloßen Erzählen die dringende wissenschaftliche Auseinandersetzung folgen, zum anderen aber auch der Gegenstand der Betrachtung um eine Stufe erhöht werden, genauer: Vom Hals und seiner geistlichen Einfassung wird der Focus auf die höheren Regionen gerichtet, wo Bart und Haarschopf wachsen. Damit dokumentieren wir hier im Original eine akademische Rede vor dem Priesterrat der Diözese Hildesheim über (an)brennende Grundfragen kirchlicher Reform, die Weihbischof Hans-Georg Koitz als Moderater außerhalb der Tagesordnung zugelassen hat, als Spannung (oder auch Langeweile) überhandzunehmen drohten.

Hochwürdiger Herr Bischof,
hochwürdige Herren Weihbischöfe,
liebe Mitbrüder, verehrte Gäste,
sehr geehrte Damen und Herren!

Es wird ernst in der Kirche. Sie braucht Reformen.Das II. Vatikanische Konzil fordert den Klerus zu einer einfachen Lebensweise auf, zum Verzicht auf aufwändige barocke Traditionen. Die haben aber offensichtlich auch ihre Freunde, und schon ist die bange Frage zu hören: Wird es wirklich keine apostolischen Protonotare mehr geben? Wird die Kirche arm an weißen Mitren, violetten Paspelierungen und klangvollen klerikalen Titeln? Wir schürfen, wie immer, tiefer und fragen nicht nur nach den geistlichen Kopfbedeckungen, sondern nach dem, was darunter wächst (oder ausbleibt). So bitte ich Sie und euch um Aufmerksamkeit für eine kurze akademische Rede, die der Problematik auf den Grund (genauer: auf die Haut) geht.

Zunächst bitte ich herzlich, mir eine persönliche Unsicherheit hinsichtlich des ja gar nicht mehr so neuen Kirchenrechtes vergeben zu wollen und es hinzunehmen, dass ich hier den Canon 282 des geltenden Gesetzbuches zum Gegenstand weiterführender Überlegungen machen möchte, jene Bestimmung, die es den Klerikern gebietet, sich aller Dinge zu enthalten, die nach Eitelkeit aussehen (im lateinischen Original: »Ab omnibus quae vanitatem sapiunt se abstineant«).

Die Bestimmung geht sehr ins Grundsätzliche und lässt der Phantasie freien Raum, was denn nun nach Eitelkeit aussehen könnte. Beim Nachforschen stieß ich auf die Tatsache. dass diese Bestimmung an die Stelle des Canon 136 im alten Kirchengesetzbuch getreten ist, dessen Aussage freilich viel konkreter lautete: »Die Kleriker haben die Tonsur zu tragen.« Jenen Haarkranz also, der eine mehr oder weniger große Kahlfläche auf dem geistlichen Haupt umgibt. Dies gilt zwar nur, sofern nicht die Landessitte anderes vorsieht (»nisi recepti populorum mores aliter ferant«). Doch wo trifft dies zu? In Rom etwa? In Deutschland oder Österreich? Das mag umstritten sein. In jedem Falle aber ist den Geistlichen eine einfache Haartracht vorgeschrieben (»capillorum simplicem cultum adhibeant«).

Wärmende Vollbärte? Der Kirchenrechtskommentar von Retzbach hat seinerzeit darauf hingewiesen, dass das Verbot des Barttragens der Geistlichen 1917, bei der Einführung des neuen Codex, in Kraft blieb – so hatte es die römische Konzilskongregation am 10. Januar 1920, also mitten im Winter, entschieden. Und der Rechts-Kodex Papst Johannes Pauls II. schreibt in Kanon 4 §2 vor, dass bis jetzt geltende Gewohnheiten bestehen bleiben – also gilt auch das Bartverbot für Priester. Immer noch ...

Die Materie ist unübersichtlich und schwierig, und dabei doch von so erheblicher Bedeutung. Der Bart macht den Mann – so muss es die Kirche noch im 17. Jahrhundert gesehen haben. Wenn damals ein Germaniker, einer der als besonders klug geltenden deutschen Theologiestudenten in Rom, in Anwesenheit des Papstes eine Probepredigt zu halten hatte, war er zum Tragen. eines Bartes verpflichtet, und wenn ihm ein solcher noch nicht entsprossen war, bedurfte er für seinen Auftritt einer Dispens. Schon daraus ergibt sich, wie stark selbst Bedeutungsvolles in der Kirche über die Jahrhunderte hin schwankender Beurteilung ausgesetzt ist. Wer will da einem Dogmatik-Youngster zu Münster übelnehmen, wenn er den totalen Wandel der Dogmen propagiert?

Was kann ein Bart alles aussagen! Muss er, wenn er ungezügelt hervorquillt wie bei Friedrich Nietzsche, sogleich ein Sinnbild für angestrebtes Übermenschentum sein? Bekommt er, seitlich gezwirbelt, einen wilhelminischen Charakter, oder, auf ein ärmliches Quadrat reduziert, gar einen rechtsradikalen? Lassen wallensteinsche

Spitzen auf fehlende ökumenische Gesinnung schließen?

So wirft schon der Schnurrbart – exakter, wie einst Eduard Zimmermann formulierte: der Oberlippenbart – eine Fülle von Fragen auf.

Wie aber ist es zu deuten, wenn es weiter unten ums Haupt herum sprießt und wächst? Die hohe Kunst, so auszusehen, als habe man sich genau drei Tage nicht rasiert, erzeugt einen absolut zwiespältigen Eindruck. Es könnte darin die Strenge der alten Anachoreten, der ägyptischen Wüsten-Einsiedler, angedeutet sein, es könnte eine nostalgische Sympathie für Yassir Arafat gemeint sein, oder auch eine Solidaritätserklärung an die Traditionsträger der 68er-Revolution. Was aber, wenn ein vorsitzender Bischof zwar die Dreitagefrist überschreitet, das volle Zuwachsen jedoch sorgfältig vermeidet: Unentschiedenheit? Oder Raffinesse, die das Endziel noch verborgen hält?

Geistliche Mitbrüder mit Bärten: Bedenkt, auf welche Problematik am Rande des Kirchenrechtes ihr euch einlasst!

Noch viel schwieriger gestaltet sich das Problem bei Ordensleuten, was an einem konkreten Beispiel erläutert sei: Kommt einem ein Mensch in einer Franziskanerkutte entgegen, wie sie von Ordensangehörigen zuweilen anlässlich einer Friedensdemo oder in Erwartung eines Bischofs- oder Provinzialbesuches angelegt wird, dann ergibt sich folgendes Dilemma:

* *Mit Bart* ist das dann entweder ein konservativer Kapuziner, der nach alter Sitte seinen Rauschebart trägt – oder ein fortschrittlicher Franziskaner, der ihn sich hat stehen lassen, um seine Nähe zur Befreiungstheologie anzudeuten.
* *Ohne Bart* hingegen kann es sich nur um einen konservativen Franziskaner handeln – oder aber um einen progressiven Kapuziner, der sich aus Gründen des Aggiornamento vom Image des friedlichen Konrad von Parzham losgemacht hat.

Womit erwiesen ist, dass das Bartproblem voller paradoxer Symbole steckt.

Ist es nun mit der Haartracht weiter oben etwa anders? Hier sind die Gaben, die der Schöpfer dem männlichen Teil der Menschheit mit auf den Weg gegeben hat, noch weitaus mannigfaltiger und widersprüchlicher als im Bartbereich, wo schließlich jedem, der möchte, wenigstens einiges entsprießt. Nein, weiter oben gibt es – wie immer, gerade auch in der Kirche – gewaltige Unterschiede, man denke da an die marmornen Häupter so mancher Herren Kardinäle oder Bischöfe, Köpfe wie von Praxiteles! Und ich erinnere mich daran, wie mein verehrter akademischer Lehrer, Prof. Erich Riebartsch, der bekannte Rundfunkprediger, gelegentlich mit ernster Stimme verkündete: »Heute Nachmittag kommt mein Friseur!« – um dann gütig kritische Zwischenrufe zu überhören: »Nun, er wird sich doch wohl nicht überarbeiten!«

Wenn solche Herren dezent auf immer noch, wenn auch spärlich vorhandenen Haarwuchs anspielen und denselben sorgfältig pflegen, muss man ihnen dann vorwerfen, es ginge ihnen in ihrer reaktionären Gesinnung doch nur darum, etwas zu erhalten, was längst zum Aussterben bestimmt ist? Auch sollte man das nicht unreflektiert als Eitelkeit bewerten. Könnte es nicht sein, dass sie nur den Stolz auf jene Fläche unterdrücken wollen, die ob ihrer strahlenden Glätte manchen fasziniert, ein Landeplatz des Heiligen Geistes sozusagen?

Was ist dem Schöpfer auf diesem Gebiet alles eingefallen, von Blaise Pascal bis Wladimir Iljitsch Lenin, von Novalis bis Theodor W. Adorno, von Diego Maradona bis Anton Bruckner! Es ist kühn, daraus irgendeine Determination oder Berufung abzulesen. Gewiss, es gibt Häupter, die einen bischöflichen Pileolus, dieses pfiffige violette Rundkäppi, geradezu magisch anziehen, auf dass es auf ihnen hafte wie eine Kontaktlinse auf dem Augapfel. Aber es gibt, bei zweifellos nicht minder Qualifizierten, auch das Gegenteil: dass diese Kippa catholica auf Widerstand stößt, nicht recht aufsitzen mag wie einst bei einem alsbald dennoch zu Höherem berufenen Sekretär der Deutschen Bischofskonferenz. Im Stile Gilbert Keith Chestertons formulierten damals manche, das sehe ja aus, als sei ein ausgespannter violetter Regenschirm aus unerklärlichen Gründen auf der dichten Weißdornhecke eines westfälischen Bauernhofes liegen-

geblieben – nein: Es verbietet sich hier die Annahme jeder Art von Vorherbestimmung. Aus dem, was auf dem Haupte sprießt, kann, so meine ich, keine göttliche Zuweisung oder Verweigerung irgendwelcher Würden abgeleitet werden.

Noch mehr ist davor zu warnen, unser Thema der Moraltheologie anzuvertrauen, etwa der sorgfältigen Pflege vorhandener Fülle oder aber dem Stolz auf deren vollständiges Verschwinden den höheren ethischen Standard zuzubilligen, womöglich eine kirchliche Karriere von der Haartracht abhängig zu machen. Dergleichen würde nur zu Parteibildung und Spaltung führen, oder aber neue Formen von Gleichmacherei hervorbringen. Das mag hier im Hause an einem historischen Beispiel erläutert werden:

Niemand wird behaupten wollen, die prächtigen Perücken der Fürstbischöfe, die man auf Gemälden in (noch nicht der neuen konziliaren Armut angepassten) Bischofshäusern betrachten kann, böten eine Lösung. Die würden zwar Unterschiede überdecken und so die Kirche zur Vorreiterin der Chancengleichheit machen, andererseits aber würden sie, sollte man sie als Dienst-Outfit vorschreiben, die diözesanen Kassen ungebührlich belasten, zumal aus Gründen der Nicht-Diskriminierung eine Ausdehnung der entsprechenden Vorschrift auf Laien-Mitarbeiter*innen im Sinne des gemeinsamen Priestertums aller Getauften unumgänglich sein dürfte.

Zurück zum Problem der Rechtslage, das gewiss nicht nur mich zutiefst bewegt. Es erweist sich erneut, dass das kirchliche Gesetzbuch, indem es das Eigenleben der Ortskirchen achtet und sich auf allgemeine Grundsätze beschränkt, uns zu eigener Gestaltung herausfordert. Brüder, macht euch frei vom römischen Zentralismus, nutzt kühn die Freiräume, die das Konzil den Diözesen in aller Welt geöffnet hat! Zurzeit scheint sich Rom daran zu halten: Es hat weder den Amazoniern einen deutschen Synodalen Weg verordnet noch dem Zentralkomitee der deutschen Katholiken die Haartracht der indigenen Bewohner des Amazonas-Gebietes. Lasst nicht zu, dass der Vatikan Rechte (oder Mähnen) wieder beschneidet, schreitet zur Tat!

Was soll geschehen?

Dass wir bei der Arbeit eines synodalen Weges zu Beschlüssen kommen, ehe weitere Studien unternommen sind, ist nicht zu erwarten. Aber man muss offenen Auges (beim Haarschnitt immer zu beachten!) auf die Probleme zugehen. Kommissionen könnten gebildet werden. Sie hätten die Frage zu prüfen, ob nicht jeglichem neuen Entschluss eine große Fragebogenaktion zur Erhellung der Befindlichkeiten vorangehen muss. Ein neuer Dialogprozess auf Augenhöhe aller Beteiligten ist in Gang zu setzen, und vielleicht wäre eine intensive Konsultation zwischen den Fachgremien der deutschen Bischofskonferenz und dem Zentralkomitee der deutschen Katholiken auf der einen und dem Fachverband des Friseurhandwerkes auf der anderen Seite angebracht, vielleicht könnte man Universitätsfakultäten oder Einrichtungen wie das Forschungsinstitut für Philosophie in Hannover für den Plan gewinnen, Beiträge zum Versuch einer Annäherung an Prolegomena für eine Erörterung der anthropologischen Vorfragen unseres Problems zu erarbeiten, vielleicht geben uns die Alttestamentler eine weiterführende Erklärung der Samsongeschichte: Lässt sich ein Held erledigen, indem man ihn seiner Mähne beraubt?

So sollten viele ihren Sachverstand einbringen und keine Kontroverse scheuen. Es gilt, eine moderne Streitkultur zu entwickeln. Auf keinen Fall darf das Problem verdrängt oder unter den Teppich gekehrt werden (wie angeblich vielerorts nach dem Haareschneiden üblich). Sonst ist nämlich damit zu rechnen, dass sich weniger wichtige Fragen in den Vordergrund drängen. Einer solchen unglücklichen Entwicklung vorzubeugen, war der Sinn dieses meines wissenschaftlichen Beitrages, den ich Ihnen aus meiner Position als Calvus inchoativus (Glatzkopf im Werden) darbieten durfte. Ich danke Ihnen.

Weihrauch und morscher Deckel

Von Düften und Argumenten bei einer pfingstlichen Firmfeier

In den Buch »Bördejahre«, das manche, ein bisschen übertreibend, einen »Heimatroman« nennen, wird allerlei erzählt, was sich in der Kriegs- und Nachkriegszeit in den Dörfern des Stiftes Hildesheim abgespielt hat, so auch die folgende Geschichte von einer pfingstlichen Firmungsfeier. Wir übernehmen sie in unser »Lob der Kalkleiste«, weil sie mit einem Gespräch beginnt (und endet), das zwei Träger dieses Kennzeichens geistlicher Würde, ein Bischof und sein Kaplan, im Auto geführt haben, während der tapfere Fahrer sich um Tempo bemühte ...

»Herr Köhler, können Sie nicht ein bisschen schneller fahren? Wir kommen am Ende noch zu spät nach Tossum!«

»Exzellenz, der alte Opel schafft nicht mehr Tempo. Manchmal bin ich froh, dass er überhaupt noch läuft. Gestern noch Firmung in Lüneburg, heute Morgen in Tossum, da muss die alte Kiste ganz schön ran. Und die Straßen sind auch nicht besser geworden in vier Kriegsjahren! Ich denke, wir schaffen es noch gut!«

»Nun ja, nicht wahr, da haben wir umso mehr Zeit, uns auf die nächste Firmfeier einzustellen. Sagen Sie

mal, Herr Kaplan Mehle, Sie sitzen hier so schweigend neben mir, kennen Sie den Pastor von Tossum näher?»

»Persönlich nicht, Exzellenz, ich bin ja zehn Jahre jünger, aber er ist gerade bei den jüngeren Mitbrüdern sehr beliebt. Er gehört zu den alten Rothenfelser Jugendbewegten, hat wohl auch in der Liturgie schon das eine oder andere riskiert. Neulich hat er, wie erzählt wird, in einer Kindermesse einfach das lateinische Evangelium weggelassen, hat sich umgedreht und den Text deutsch vorgelesen, gleich vom Altar aus. In manchen Messen werden in Tossum nur die neuen Lieder aus dem »Kirchenlied« gesungen, das Diözesangesangbuch lässt er dann ganz weg. Von manchen althergebrachten Bräuchen wie Weihrauch soll er nicht viel halten. Aber so was machen ja viele heutzutage, und irgendwie muss es ja auch Fortschritte in der Kirche geben, Exzellenz.«

»Soso, der Fortschritt, nicht wahr. Da macht jeder, was er will, nicht wahr. Zuerst muss einmal die liturgische Ordnung eingehalten werden, und zwar genau. Wozu haben wir die Rubriken im Messbuch stehen! Da kann nicht einfach jeder daran herumändern und das dann Fortschritt nennen. Wissen Sie, Herr Confrater, gerade in der heutigen Zeit ist die Tradition viel wert. Was Jahrhunderte gehalten hat, das soll man nicht ändern! Schon gar nicht auf dem Lande, wo die Leute konservativ sind. Wie lange brauchen wir denn nun noch, Herr Köhler?«

Wir haben's gleich, Exzellenz!«

»Wie ist denn der Ablauf, Herr Kaplan?«

»Vorfahren beim Pfarrhaus. Da werden wohl einige Leute stehen, aber ein öffentlicher Empfang oder ein Einzug mit Pferden von der Dorfgrenze aus ist ja verboten worden. Also: Zuerst ins Pfarrhaus, Anlegen der liturgischen Gewänder, Prozession mit Priestern des Dekanates und Messdienern zur Kirche, und zwar nur über das Pfarrgrundstück. In der Kirche Feier wie immer. Gefirmt werden insgesamt sechzig Kinder aus Tossum und Nachbarorten. Der Pastor hat den Ablaufplan schriftlich bekommen, Exzellenz.«

»Nun denn, mit Gottes Hilfe!«

Zum Empfang des Bischofs sind die Häuser mit blauweißen Fahnen geschmückt. Nur an der Schule, gleich gegenüber der Kirche, ist keine Fahne zu sehen.

Beim Pfarrhaus hat man an den steinernen Pfosten der Toreinfahrt zwei hohe, weiß gestrichene Masten befestigt mit zwei großen Fahnen daran, die eine blau-weiß wie überall, die andere gelb-weiß – die haben Frauen gestiftet, um Papst Pius XII. zu ehren, die Wollhaarsche hat sie genäht, weiß der Himmel, wo sie den Stoff dazu hergekriegt hat.

Das halbe Dorf hat sich in erwartungsvoller Stimmung vor dem Pfarrgrundstück versammelt, die Leute sind sonntäglich gekleidet, ein paar Fronturlauber in Uniform dazwischen, auch drei, vier Arbeitsmaiden vom Reichsarbeitsdienst aus Ottbergen.

Die Firmlinge und Paten sind nicht dabei, die haben schon in der Kirche Platz genommen.

In respektvoller Entfernung, dort, wo der Bischof vorbeikommen muss, steht eine Gruppe von Polen, bewacht vom Obergefreiten Moosegger. Der weiß natürlich, dass er die gar nicht hierherführen darf, aber er achtet immerhin auf Abstand von den Deutschen.

Plötzlich kommt der neue Polizist hastig angelaufen und schreit:

»Polen hier? Das ist verboten. Ich befehle Ihnen, sofort mit der Gruppe abzurücken!«

Aber da ist der Tiroler Moosegger plötzlich Preuße durch und durch.

»Herr Wachtmeister«, ruft er so laut, dass alle Leute es hören können, »die Bewachung erfolgt durch die Wehrmacht. Die Wehrmacht nimmt von der Zivilpolizei keine Befehle entgegen!«

Der Polizist, jetzt erst recht in Rage, läuft weiter in Richtung Pfarrhaus, sieht die Fahnen an der Hofeinfahrt und schreit, wild gestikulierend, den Pastor an: »Die Fahnen müssen sofort da weg! Das Pfarrhaus gehört der politischen Gemeinde, ist also ein öffentliches Gebäude. Da ist kirchlicher Flaggenschmuck verboten!«

»Sie irren sich«, sagt der Pastor laut und bestimmt, »und deshalb bleiben die Fahnen hängen!«

Aus der Menge, die sich versammelt hat, ist ein trotziges Gemurmel zu hören, das immer stärker wird. Aus irgendeiner Ecke kommt der Ruf: »Pickel, nimm dich in Acht!«

Den hat aber jetzt ganz und gar die Wut gepackt. Er klettert auf den linken Steinpfeiler der Toreinfahrt, gebannt sehen die Leute zu, jetzt ist er oben, reckt seinen Arm, um die gelb-weiße Fahne zu fassen, jetzt hat er sie, schreit den Leuten noch einmal zu: »Verboten ist verboten!«

Im Herunterspringen will er die Fahne abreißen, da schreien jetzt mehrere: »Pickel, Vorsicht, die Grube! Pickel, der Deckel ist morsch!«

Schließlich ruft die ganze Menschenmenge: »Pickel, lass das!«

Es ist zu spät. Er springt, die Fahne rutscht ihm dabei aus den Fingern, unten knallen seine Stiefel auf den Grubendeckel, der bricht mitten durch, Platschen und Spritzen, bis zum Koppel steht der Polizist in der stinkenden Brühe. Ein ohrenbetäubendes Gelächter erschallt. Ein Gestank, härter als vom Schweinestall, verbreitet sich.

Mühsam krabbelt der Polizist aus der Grube. Es ist ausgerechnet der Tischler, der ihm dazu die Hand reicht …

Den Bischof mit Gestank empfangen? Das fehlt auch noch! Der Pastor reagiert wie ein Frontoffizier: »Messdiener! Sofort das zweite Rauchfass und Schiffchen her, liegt in der Sakristei rechts hinten! Und drei Kohlen zusätzlich in beide Rauchfässer!« Die Zeit reicht gerade noch, den Befehl auszuführen, die Messdiener machen Rundschwung mit den Rauchfässern, bis die Kohlen hellrot glühen, dann knallen sie esslöffelweise Weihrauchkörner darauf.

Der Pastor ruft: »Prima!«

An Fronleichnam hätte er ihnen dafür Ohrfeigen verpasst, aber jetzt strahlt er, vor ihm steigen dichte Weihrauchwolken auf.

Da hinten hält der bischöfliche Opel, wo die Polen stehen, der Bischof öffnet von innen ein wenig den Schlag und segnet stumm die Gruppe, die dabei niederkniet. Dann fährt die schwarze Limousine langsam weiter und hält vor dem Pfarrhauseingang.

Donnernder Applaus empfängt den Oberhirten, Bravo- und Hurrarufe. Verwundert sieht seine Exzellenz, wie sich einige dabei dem Bauch halten vor Lachen.

Aber dann sieht er nichts mehr. Pastor Renghoff hat ein Weihrauchfass ergriffen und hüllt den Bischof mit einem dreifachen Doppelduktus ein, wie bei einem Pontifikalamt, nur mit viel dichteren Wolken. Danach schwenkt er immer noch weiter, bis die Herren im Pfarrhaus verschwunden sind.

Angetan mit den liturgischen Gewändern setzt sich kurz danach die Prozession in Bewegung: Messdiener, sechs Priester, der Bischof, begleitet von seinem

Kaplan und dem Herrn Ortspfarrer. Unmittelbar vor dem hochwürdigsten Herren gehen zwei Messdiener mit Rauchfässern. Der Bischof ist vor Rauch kaum noch zu sehen, aber es steht auch keiner mehr auf der Straße, um die Prozession durch den Pfarrgarten zu beobachten. Sie drängeln sich alle in der Kirche. Dort braust jetzt die Orgel auf und der Bischof hört einen Gesang, mächtiger, als er es von seinem Dom gewohnt ist:

»Ein Haus voll Glorie schauet
weit über alle Land,
aus festem Stein erbauet
von Gottes Meisterhand.
Gott, wir loben dich ...«

»Nun, Herr Kaplan«, fragt der Bischof bei der Heimfahrt, »wie hat ihnen die Firmfeier in Tossum gefallen?«

»Da war Stimmung, Exzellenz, das muss man sagen. Aber liturgisch astrein war ja wohl nicht alles.«

»Wieso, Herr Confrater, was fanden Sie denn da verkehrt?«

»Nach den Rubriken wird dem Bischof Weihwasser gereicht, wenn er das Gotteshaus betritt. Das hat gefehlt. Dagegen ist Weihrauch für den Bischof außerhalb der Liturgie nicht zulässig, schon gar nicht vor einem Pfarrhaus und wenn er noch gar keine liturgischen Gewänder anhat. Überhaupt finde ich so eine gewaltige Qualmerei mit zwei Rauchfässern ziemlich stillos.«

»Herr Confrater, ich glaube, da müssen Sie noch einiges zulernen, nicht wahr. Die Liturgie ist etwas Lebendiges, sie hat sich im Gottesvolk zu allen Zeiten weiterentwickelt und entfaltet. Durch eindrucksvolle Zeichen das Bischofsamt zu ehren – das ist gerade heute überaus zeitgemäß und sinnvoll, nicht wahr. Liturgie, Herr Confrater, das ist eben nicht nur das Ausführen von Rubriken und Formvorschriften. Lebendigkeit ist in der Seelsorge immer wichtiger als Traditionspflege, das müssen Sie immer beachten, nicht wahr.«

»Was mich beeindruckt hat, Exzellenz, das waren die fröhlichen Gesichter der Leute. Einige haben sogar noch vor Lachen geprustet, als wir in die Kirche einzogen. So was habe ich noch nie erlebt.«

»Das hat tiefere Gründe, Herr Kaplan. Guardini sagt: ›Die Kirche erwacht in den Seelen.‹ In ihrem Bischof erkennen die Leute ihre Kirche. Und das erfüllt die Menschen mit Freude. Sie müssen die Dinge von der Theologie her sehen, Herr Confrater. Wer das nicht tut, geht an der Wirklichkeit vorbei, nicht wahr.«

Nach Canossa gehen wir nicht!

Über die antirömischen Wallfahrtsorte in Deutschlands Norden

Eine furchterregende, düstere Gewitterwolke muss das gewesen sein, die an jenem Sommerabend des Jahres 1965 über dem Harz aufgezogen war. Ein greller Blitz zuckte hernieder und traf das Kleinod der Harzburg, die Bismarck-Säule, schüttelte und sengte sie ruchlos. Ein Zeichen der Rache aus Germaniens Götterhimmel? Wer weiß? Hatte man nicht soeben zu Hannover jenen Stolz zu Grabe getragen, den das trutzige Monument verkörpert? »Nach Canossa gehen wir nicht!« steht da, in Stein gemeißelt, Bismarcks Reichstagsrede vom 14. Mai 1872 zum Schwur jedes echten Deutschen erhebend. Und dann haben sie in Hannover den apostolischen Nuntius mit hohen Ehren empfangen, sich mit ihm an einen Tisch gesetzt und ein Konkordat

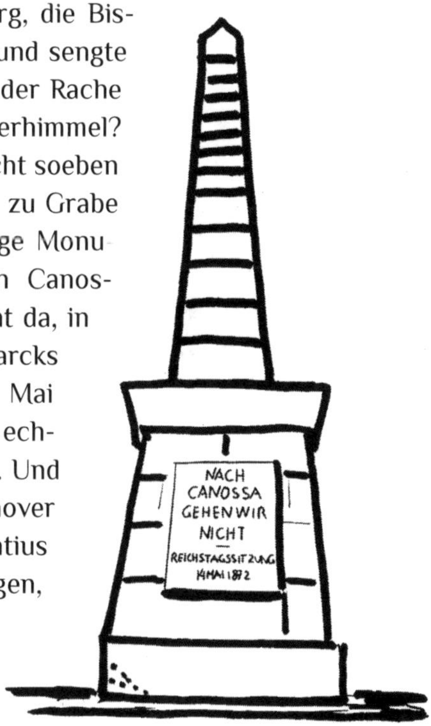

unterzeichnet! Einen Vertrag, der, wie der Wortsinn besagt, »die Herzen« verbindet! Wo ist denn das Ehrgefühl jener geblieben, die ihr Bekenntnis zu Deutschland mit der Parole »Los von Rom« zu artikulieren pflegten – alles dahin? Was soll da noch die Bismarck-Säule?

Nun denn, sie steht aber noch, und so dürfen sich noch immer nationale Gefühle an ihrem Anblick entzünden. Es ist schließlich ein historischer Ort, diese Harzburg mit ihren imposanten Ruinen. Von hier, so wird erzählt, sei Kaiser Heinrich IV. im Jahre 1077 nach Süden aufgebrochen, um sich im Schnee vor der Burg Canossa dem Papst zu Füßen zu werfen, den er zuvor als den »falschen Mönch Hildebrand« verspottet hatte. Welch eine Schande für Deutschland, da musste schon ein Bismarck her, um sie, wenn auch mit 800 Jahren Verspätung, in jenen Kulturkampfzeiten wieder auszuwetzen. Und eine Säule oben auf dem Burgberg war doch wohl das mindeste für »deutsche Männer und Frauen« (so die Inschrift), um an des eisernen Kanzlers Haltung zu erinnern.

Canossapapst als Kirchenpatron

Die Katholiken im Tal unten hingegen, dieses kleine Häuflein der Harzburger Diasporagemeinde, sie zeigten sich trutzig auf ihre Weise. Die kirchliche Entschuldigungskultur war eben noch nicht auf dem heutigen Stand, und so ergriffen sie Partei für den gescholtenen

Römer: Sie weihten ihr hübsches, im neugotischen Stil erbautes Kirchlein in Harzburg-Bündheim dem (tatsächlich irgendwann heiliggesprochenen) Papst Gregor VII. Es ist wohl, zumindest nördlich der Alpen, das einzige Gotteshaus mit dem Patrozinium des Canossa-Papstes geblieben. Seinerzeit haben die Bündheimer die »Kampfparole« auf dem Berg doch wohl sehr ernst genommen und dem Canossapapst hoch angerechnet, dass er dem Kaiser, also dem Staat, die Macht über die Kirche abtrotzte. Ihre Kirche ist freilich niemals ein Emotionen weckender Wallfahrtsort geworden wie die Säule oben auf dem Berg. Die soll ja sogar jene fatalen Politiker inspiriert haben, die 1931 die »Harzburger Front« ins Leben riefen, dem »Führer« auf dem Weg zur Macht den Steigbügel haltend. Davon mag hier keiner mehr gern reden, und so ist von jenen Tagen auch nichts an der Säule kleben geblieben. Das hätte sie auch nicht verdient. Schließlich war der preußische Fürst doch kein Vorläufer des Nationalsozialismus, und am Ende ist er, als der diplomatische Papst Leo XIII. die Tiara aufgesetzt hatte, auch gar nicht mehr so eisern gewesen.

Übrigens: Hat man je beachtet, wen der Fürst Bismarck mit seinem Ruf »Nach Canossa gehen wir nicht« überhaupt gemeint hat in der berühmten Reichstagsrede? Den Satz hat er nämlich keineswegs einem übermächtigen Papst entgegengeschleudert, sondern eher begütigend dem Abgeordneten Rudolf von Bennigsen zugerufen, der ihm, dem Kanzler des neu gegründeten deutschen Reiches, das Geld für eine Vatikanbotschaft verweigern wollte, weil er schon von einem bloßen diplomatischen Kontakt Abhängigkeit von dem bösen Rom fürchtete.

Aber der markige Spruch war nun mal in der Welt, wurde in Stein gemeißelt, Leitwort eines antirömischen Wallfahrtsortes mit der Mahnung (die manchmal sogar auf Berufskatholiken abfärbt, auf Träger der Kalkleiste ebenso wie auf mündige Laien): Seid vor Rom auf der Hut! Wehrt euch gegen alles, was da aus dem Welschland heraufzieht! Und haltet euch an die Helden der Vorzeit!

Das Schwert des Cheruskers

Ein paar Jahrhunderte mehr oder weniger spielen dabei keine Rolle. Und so war denn in jenem trutzigen 19. Jahrhundert bereits ein anderer anti-römischer Wallfahrtsort entstanden: Im Teutoburger Wald hatte man Hermann, dem Cherusker, ein mächtiges Denkmal gesetzt, weil er im Jahre 9 nach Christus hier die römischen Legionen so gründlich verprügelt hat. Mit viel Begeisterung ist man damals bei der Sache gewesen, obwohl beim Bau das Geld manchmal knapp wurde und gar nicht sicher war, ob Ernst von Bandel seine neogotische Pagode wohl würde vollenden können. Er hat's geschafft, und noch immer strömen die Massen herbei, um zum erhobenen Schwert des Cheruskerfürsten aufzublicken. Hinterher, beim gu-

ten Thusnelda-Bier, erwärmt durch einen Cherusker-Kräuterlikör, mag dann wohl auch heute noch das Spottlied Victor von Scheffels erklingen:

Als die Römer frech geworden,
zogen sie nach Deutschlands Norden.
Vorne mit Trompetenschall
ritt der Generalfeldmarschall
Herr Quintilius Varus, wau wau ...

Die Wallfahrt floriert, sonntags bewegen sich Massen vom riesigen Parkplatz durch die Meile der Gaststätten und Devotionalienläden auf die Höhe zu, Erinnerungsfotos werden geschossen (die Oma mit strengem Blick, überragt vom Schwert des Cheruskerfürsten, mit Goldrähmchen fürs Vertiko) und manch einer mag beim Rückweg für die Lieben daheim noch ein bronzenes oder gipsernes Hermannsfigürchen erwerben, oder für den Dreikäsehoch eine zum Zerreißen geeignete Römerrüstung aus Papier. Ob die vielen Menschen heute noch vom nationalen Schauer erfasst werden? Ob sie verstehen, weshalb auch hier des Fürsten Bismarck mit einem Monument gedacht werden musste? Erklärungstafeln in Deutsch und Englisch lassen da eher Distanz erkennen, und manchmal dürften sich die Manager des Fremdenverkehrs über pingelige Historiker ärgern, die immer wieder ein Haar in der Suppe finden: Dieser Held habe ja gar nicht Hermann geheißen, sondern Arminius, das habe den Enthusiasten nur allzu römisch geklungen und daran erinnert, dass er in Wirklichkeit ein desertierter römischer Offizier war, in der kaiserlichen Armee aufgestiegen wie viele seiner germanischen Stammesgenossen. Und ob die Schlacht gerade hier stattgefunden habe, sei doch höchst zweifelhaft, schließlich sei dieser schöne Teutoburger Wald doch erst im 18. Jahrhundert nach jener Schlacht benannt worden, aufgrund einer Notiz des Römers Tacitus, und immer noch woge der Streit unter Studienräten und Hobby-Archäologen, wo sich denn das Gemetzel tatsächlich abgespielt habe. Ja, es gibt sogar Leute, die die Miesmacherei auf die Spitze treiben, zum Beispiel so: »Schaut doch mal nach Trier, was ist das unter den Römern für eine Weltstadt geworden! Wären sie doch hier geblieben! Dieser Arminius hat uns um 800 Jahre Kulturgeschichte gebracht! So lange sind wir Barbaren geblieben, bis endlich Karl der Große kam ...«

Aber damit können sie hier nicht landen. Heute nicht beim Fremdenverkehrsamt in Detmold, das doch auf die Attraktion nicht verzichten mag. Und damals nicht bei allen denen, die in Jahrhunderten dachten: »Dies Schwert ist gegen Rom erhoben, darauf kommt es an, egal, ob da der Feldherr Varus gezogen kommt oder ein Abgesandter des Papstes. Er hat uns vor der Romanisierung gerettet, dieser Hermann, und darum ist er der Vater Deutschlands, den wir hier im lippischen Wald verehren!«

Bonifatius contra Hermann

Natürlich hat das seinerzeit die Katholiken geärgert, und so haben sie denn den heiligen Bonifatius nach vorn geholt, den Apostel Deutschlands: »Seht her, die wirklich vorzeigbare Tradition, die haben wir! Bonifatius, der hat keine siegreiche Schlacht geschlagen (und hinterher wieder verloren) wie euer Hermann, der hat uns endlich den Anschluss an die Weltkultur verschafft!« Und mit Inbrunst sang man seither hier im Norden kämpferische Kirchenlieder:

Der du das blinde Heidentum
in Deutschland hast vernichtet,
und Jesus, unserm Herrn, zum Ruhm
Altäre hier errichtet:

Für Deutschland Gnad bei Gott erfleh,
auf dass es fest im Glauben steh,
o heilger Bonifatius!

Und weiter, damit auch ganz klar sei, woher die wahre Kultur kommt:

Manch hohen Tempel, eingeweiht
hast du im deutschen Lande,
und mit dem Haupt der Christenheit
geknüpft der Einheit Bande.
Für Deutschland ...

Damals wagten Studenten an der Universität Göttingen, gegen alle Widerstände eine katholische Korporation zu gründen, und gaben ihr nach dem großen Apostel den Namen »Winfridia«. Beim Gesang liebten sie das Triumphale:

Die Götter-Eichen sinken!
Die Siegeszeichen blinken!
Von ferner Alp bis zu des Nordmeers Strand
erobert Winfried seinem Gott das Land ...

... was sie freilich nicht hinderte, nach genügend Biergenuss ihr treudeutsches Herz schlagen und somit auch den Cherusker hochleben zu lassen und seinen römischen Kontrahenten zu verspotten:

»Herr Quintilius Varus,
wau wau wau wau wau wau!«

Überhaupt waren doch damals auch die Katholiken bestrebt, es nicht an nationaler Gesinnung fehlen zu lassen, und so entstand auch eine nicht minder gut katholische Korporation in Braunschweig, die sich den Namen »Cheruscia« zulegte, während in Bonn sogar der katholische Studentenverein »Arminia« von sich reden machte, dessen prominentestes Mitglied, der Student Konrad Adenauer, allerdings, soweit ich weiß, niemals auf den Gedanken gekommen ist, eine Wallfahrt zum Hermannsdenkmal zu unternehmen – das war ja schließlich auch, im Geist der Befreiungskriege, scharf gegen Frankreich gerichtet, und das hat »dem Alten« ja wohl schon in jungen Jahren überhaupt nicht gefallen ...

Wer mag sich heute, beim Sonntagsausflug zum Hermannsdenkmal, noch an solchen Wettstreit erinnern? Das schöne Bonifatiuslied ist aus dem Gotteslob, Ausgabe der Metropolie Hamburg, verschwunden. Vielleicht empfindet es heute auch mancher katholische Amtsträger als peinlich, dass dieser Bonifatius die Donareiche einfach umgehackt hat, statt in einen Dialog auf Augenhöhe mit den alten Germanen einzutreten und um die Erlaubnis zu bitten, in gebührenden Abstand eine römische Zypresse daneben pflanzen zu dürfen. Immerhin: In Fritzlar, wo er aus dem Holz jener Göttereiche ein erstes Kirchlein gebaut haben soll, da hat man die Axt, dieses Sinnbild der Intoleranz, beim Aufrichten einer neuen Bronzefigur nicht verschwiegen. Vielleicht konnte das passieren,

weil da nicht ein Bistum, sondern ein Heimatverein tätig war. Aber dann steht ja, wenn auch ohne Axt, sein Denkmal noch in Fulda, und dort tagt schließlich die Deutsche Bischofskonferenz. Sie betet an seinem Grabe, unverdrossen, und nimmt es hin, dass er die steinerne Grabplatte hochstemmt und fragend in die Runde schaut: »Was macht Ihr aus meinem Erbe? Fusionen? Konfusionen? Sitzungsmarathons? Papierberge?«

O heilger Bonifatius!

Aber halt! Da hätten wir ja fast vergessen, dass dieser heilige Bonifatius, genauer gesagt: seine Verehrung, uns vor einer großen Blamage bewahrt hat, uns sogar im ökumenischen Wettstreit einen Punktevorsprung vor unseren evangelischen Brüdern und Schwestern gesichert hat, ganz ohne Hackebeil, ganz einfach durch seine Existenz. Der Reihe nach:

Und jetzt kommt Tilly

Da sind wir doch, bei der Reise von der Harzburg zum Hermannsdenkmal, ganz nahe am Schauplatz einer mörderischen Schlacht vorbeigefahren, wo seinerzeit die deutsche Armee eine große feindliche Streitmacht besiegt und aus dem Reich vertrieben hat. Müsste hier nicht ein Siegesmal stehen, vielleicht nicht gleich so gewaltig wie das Leipziger Völkerschlachtdenkmal, aber doch der Größe des Geschehens angemessen? Aber nichts ist hier zu sehen. Das große Schlachtfeld bei Lutter am Barenberge ist gähnend leer. Nur ein kleiner Parkplatz an der Bundesstraße erinnert an das grausige Geschehen, ein dürftiger Grabstein mit einer kleinen Erklärungstafel und einer Mahnung, die Stätte sauber zu halten, ist dem deutschen General Fuchs gewidmet, der hier gefallen ist, aber gerade nicht als Soldat für den deutschen Kaiser, sondern in Diensten der ausländischen Eindringlinge.

Haben die Hüter der nationalen Ehre hier versagt? Aber nein, sagen da bissige Kritiker mit ultramontanem Hintergrund, das hat andere Gründe! Der Feind kam eben nicht von Süden, sondern von Norden. Und der strahlende Sieger war der stockkatholische kai-

serliche und kurbayerische Generalleutnant Johann Tserclaes Graf von Tilly, der hier 1626 den protestantischen Dänenkönig Christian IV. so niedergehauen hat, dass die kaiserliche Majestät zu Wien sich anschicken konnte, ganz Norddeutschland wieder katholisch zu machen – was schief ging, weil noch einmal ein ausländischer Raufbold, von Holland und Frankreich finanziert, in Deutschland einmarschierte und mit seiner schwedischen Soldateska Angst und Schrecken verbreitete: König Gustav Adolf. Ihm haben die geretteten Protestanten ein ehrendes Andenken bewahrt. Als es Mitte des 19. Jahrhunderts darum ging, die protestantischen Diasporagemeinden in Deutschlands katholischen Gegenden zu stärken, gründeten sie ein Hilfswerk und benannten es nach jenem Schwedenkönig, noch heute trägt es seinen Namen. Die Katholiken, ebenfalls um ihre Diasporagemeinden besorgt, wollten gegenhalten, und es gab bereits den Vorschlag, das katholische Diasporahilfswerk nach dem General Tilly zu benennen, sozusagen eine Fortsetzung des dreißigjährigen Krieges mit anderen Mitteln. Da war es ausgerechnet einer, der mit Rom im Clinch lag, der sie davon abgebracht hat: der große Kirchenhistoriker Ignaz Döllinger, der mit der päpstlichen Unfehlbarkeitserklärung des Ersten Vatikanischen Konzils nicht zurechtgekommen ist. Sein weiser Vorschlag: »Nehmt doch den heiligen Bonifatius!« In der Tat: Der hatte jedenfalls niemanden totgeschlagen. Und so entstand der Bonifatiusverein der deutschen Katholiken, tüchtig noch immer im Sammeln und im Helfen. Mitra gegen Helm, Pallium gegen Harnisch, Bischofsstab gegen Lanze: War das, ist das nicht bis heute ein ökumenischer Punktsieg der römischen Seite? Obendrein ist gewiss mancher Katholik geradezu stolz darauf, dass der Graf Tilly fast vergessen und das Schlachtfeld von Lutter am Barenberge durch keine Siegessäule kenntlich gemacht ist. Im tiefen Bayern, zu Altötting, hat man den Feldherrn begraben, sein Grab steht in Ehren, aber ein Wallfahrtsort konnte daraus nicht werden, denn es war bereits einer, und zwar zu Ehren der Muttergottes, die der alte Soldat so hoch verehrt hat. Aber manchmal stehen sogar norddeutsche Besucher mit Respekt an diesem Grab. So wie einst mein Vater, Urgestein der Winfridia, der mich mitgenommen hatte und mir mit bedeutungsvoller Stimme erklärte: »Junge, der hier, der hat als Generalfeldmarschall noch

Messe gedient!« – ein Spruch, der mir damals imponierte, aber eigentlich weniger über den Grafen als über meinen Vater aussagte, der, wie so mancher welfisch angehauchte Niedersachse, Deutschland lieber in Habsburger Händen gesehen hätte als unter den preußischen Hohenzollern.

Ach Freunde, was sinkt doch alles dahin im Lauf der Jahrzehnte und Jahrhunderte! Wieviel Zorn verraucht, wieviel Erinnerung wird schal! Gregor und Heinrich, Bismarck und Leo, Hermann und Varus, Tilly und Gustav Adolf. Die antirömischen Wallfahrtsorte in Deutschlands Norden sind auch nicht mehr, was sie mal waren.

Immerhin: Mit der Harzburg, dem Schlachtfeld von Lutter am Barenberge und dem Hermannsdenkmal, haben wir noch nicht alles abgeklappert und können unsere Pilgerfahrt fortsetzen. Das 1200. Todesjahr Karls des Großen ist ja schon vorüber, aber natürlich feiern die Aachener Sanguiniker ihren Helden kräftig weiter. Wir Niedersachsen aber, besser befähigt, eingewurzelten Zorn langfristig zu kultivieren, ziehen als ernsthafte Pilger weiter nach Norden. Auf denn, kommt mit, die Sache ist ernst!

Der »Sachsenschlächter«

Was sind schon Jahrhunderte für die Fans der Anti-Rom-Wallfahrt! Fast 800 Jahre nach den Legionen des Varus sind doch wieder Truppenverbände ins norddeutsche Tiefland marschiert, diesmal unter fränkischem Kommando und unter christlichen Feldzeichen. Karl war der Feldherr. Ja, in Aachen, wo er seine prächtige Pfalzkirche gebaut hat, da mag man Grund haben, unentwegt mit Stolz seiner zu gedenken. Aber hier, im Land der Sachsenkriege? Da bedauert mancher noch heute, dass es damals keinen Arminius gab, ihn aus dem norddeutschen Land wieder hinauszuwerfen – denn schließlich war auch er doch eigentlich als Römer gekommen, zumindest hat er sich von Rom die Kaiserkrone geholt, aus der Hand des Papstes, des römischen! Und Karls Jubiläum sollten die Niedersachsen mitfeiern, »sturmfest und erdverwachsen«, wie sie sind und sich selber gern besingen?

Gemach: Auch hier gibt es für die Pfleger historischer Wunden einen Wallfahrtsort. Wenn sie in erhabenem Gedenken die Statio beim Hermannsdenkmal absolviert haben, können sie sich entspannt ins Auto setzen und sind in knapp zwei Stunden in Verden an der Aller. Dort aber ist der große Karl nicht weniger präsent als in Aachen.

Freilich stößt man auf ein Paradox: Da gibt es zunächst eine Großtat Karls, noch heute wirksam: Schon von weitem erblicken unsere Pilger den Verdener Dom, dessen riesiges Dach die Häuser der Stadt überragt. Ohne Karl wäre das schmucke Städtchen wohl kaum vorhanden, zumindest würde es nicht mehr bedeuten als irgendeins der Dörfer hier im Tiefland von Weser und Aller. Er ist es nämlich ge-

wesen, der nach den siegreichen Sachsenkriegen hier ein Bistum gegründet hat, eine stattliche Diözese, die bis in die Altmark reichte, mit ansehnlichen Städten wie Lüneburg oder Salzwedel darin. Der mächtige Dom und andere Sakralbauten und Kunstschätze geben heute noch Zeugnis davon. Bis in die Reformationszeit hat sie bestanden und ist im dreißigjährigen Krieg noch einmal kurzfristig als katholisches Bistum aufgelebt, ehe Verden nach dem Frieden von 1648 an das Königreich Schweden fiel. Grund genug, an Karl, den Gründer, ehrend zu erinnern.

Aber dann gibt es noch eine andere Tat Karls, ihr steinernes Monument ist nicht weniger mächtig, wenn auch im Wald verborgen. An eine schreckliche Gräueltat wird hier erinnert, die noch immer die Phantasie bewegt und deshalb den Fremdenverkehr fördert – obwohl höchst zweifelhaft ist, ob sie überhaupt stattgefunden hat. Von ihr ist aber seit langem in Geschichtsbüchern und Nachschlagewerken die Rede: Karl habe zu Verden auf einen Schlag 4500 adlige Sachsen umgebracht, zur Strafe für einen Aufstand und Überfall im Süntel im Leine-Weser-Bergland. Die »Nachricht« fand sich in einer Chronik, die hundert Jahre nach Karl entstanden ist und aus einer winzigen Notiz besteht. Nein, sagen manche Historiker, hier ist nur ein Buchstabe verrutscht, Karl hat sie nicht enthauptet (decollati), sondern umgesiedelt (delocati) – was ja schon hart (und schwierig) genug gewesen sein muss bei der Schwerfälligkeit der Niedersachsen, immerhin aber leichter durchführbar (und somit wahrscheinlicher) als das angebliche eintägige Riesenmassaker. Andere zweifeln an der Zahl: Woher sollte Karl in der dünnbesiedelten Gegend so viele Verräter finden, die auch noch allesamt adlige Rädelsführer gewesen seien? In Verden hat der verstorbene Propst Clemens Burchhardt, einer der selten gewordenen Geschichtsforscher mit Kalkleiste, die Sache genauestens untersucht. Seine These: Durch einen Lesefehler ist die Gruselstory in die Welt geraten. Es müsse wohl etwas Ähnliches passiert sein wie seinerzeit in Köln, wo einst angeblich 11000 Jungfrauen den Martertod erlitten haben, welch eine Masse! In Köln hatte nämlich ein Chronik-Leser die Nachricht von elf Jungfrauen entdeckt, hatte die Abkürzung M für Märtyrer aber als M für Mille = tausend gelesen, und schon war's passiert, sodass die Kabarettisten in Köln noch heute damit ihren Schabernack treiben können. Alaaf!

Wenn sich seit weit über hundert Jahren die Historiker streiten – wer will da von der Verdener Stadtverwaltung verlangen, dass sie den Disput entscheidet? Wer mag ihr zumuten, sich eine Story einfach aus der Hand nehmen lassen, die offenbar noch immer Touristen in die alte Bischofsstadt lockt!

Die Historie wackelt, nicht aber das riesige steinerne Monument im »Sachsenhain«. Wollte man es wirklich abräumen – wer wollte den Masseneinsatz von Bulldozern und Radladern bezahlen: 4500 Findlinge, meist einen bis zwei, drei Meter hoch, säumen hier dicht an dicht einen kilometerlangen Waldweg und führen zu einem großen »Thingplatz« ...

Karls »Blutgericht« war eine Geschichte, mit der die Nazis Empörung erzeugen konnten, weil es ja Germanen gewesen seien, die man im Zeichen des Kreuzes umgebracht habe. Zur Wiederherstellung der deutschen Ehre spannten sie hunderte von Bauern und den Reichsarbeitsdienst ein, die Steine aus Norddeutschlands Gauen zusammenzutragen, zur Anklage gegen »Karl, den Sachsenschlächter«. Der Wallfahrtsweg entstand. Wer ihn heute nachdenklich zurücklegt, sieht vor sich die aufmarschierten SS-Formationen, ums lodernde Feuer versammelt, eingehüllt von der düsteren Blutromantik der Herren Rosenberg und Himmler ...

Die lutherische Landeskirche Hannover hat dieses Areal erworben und in den von der SS aufgestellten Fachwerkhäusern einen Jugendhof errechtet. Sie konnte die Findlinge nicht fortschaffen, ist aber bemüht, die Geschichte vom Blutgericht einigermaßen von der antichristlichen Färbung zu befreien. Und sie hat auf dem »Thingplatz«, der Stätte jener neu-heidnischen Feierstunden, eine geräumige Kapelle errichtet. Wer will, kann darin ja sogar so etwas wie eine späte Hommage an Kaiser Karl sehen, einen Sieg des Evangeliums ohne Schwert sozusagen.

Übrigens haben die Nazis damals bald gemerkt, dass sie sich selbst ein Bein gestellt hatten. Denn als der »Führer« sich anschickte, zum Herrn Europas zu werden, da konnte er doch den großen Karl als Vorläufer einspannen, dessen Reichs-Visionen nun endlich erfüllt würden. So wurde der »Sachsenschlächter«

alsbald aus dem Verkehr gezogen, er verschwand aus Geschichtsbüchern und Festreden. Karl wurde zum großen Germanenfürsten erhoben, die störende Rom-Orientierung nicht mehr erwähnt. Aus dem NS-Wallfahrtsort ist nichts geworden.

Der Bauerndom

Aber es gibt, eine Autostunde weiter nördlich, noch eine Stätte, die ein Wallfahrtsort hätte werden können – wenn nicht auch hier die Nazis alles verdorben hätten. Hier ist nämlich die Geschichte genau verbürgt, und der antirömische Zorn hat gute Gründe.

Am linken Weserufer, stromabwärts von Bremen, liegt Berne, der Hauptort des Stedinger Landes. Dort hält die lutherische Sankt Ägidius-Kirche die Erinnerung an wilde Kämpfe wach, die im 13. Jahrhundert hier getobt haben. Die Stedinger Bauern wollten lieber eine freie Republik bilden als Untertanen des Bremer Erzbischofs sein. Und, wie meistens, wenn »Freiheit« »Ehre« und »Recht« gefordert werden, ging es dabei vor allem ums Geld, das der erzbischöfliche Landesherr haben, das die Bauernschaft aber nicht herausrücken wollte. Der Streit eskalierte – mit Grausamkeiten auf beiden Seiten – aber dann schaffte es Gerhard II., dieser Raufbold mit Bischofsmitra, dass man die Stedinger als Ketzer verurteilte und Papst Gregor IX. – tatsächlich: wieder ein Gregor!! – zum Kreuzzug aufrief, der nach furchtbarem Hin und Her in der Schlacht bei Altenesch (1234) fast zur Vernichtung des Bauernvolkes geführt hat.

Der siegreiche Erzbischof ließ die Stedinger Hauptkirche St. Ägidius zu Berne auf das Doppelte vergrößern, zum Zeichen seines Triumphes über die aufmüpfigen Bauern.

So etwas vergessen die Menschen nicht. Die Stedinger wurden zum Vorbild für deutschen Freiheitsdrang, und weil der Papst mitgemischt hatte, blieb in der Erinnerung immer ein anti-römischer Zorn haften. Was Wunder, dass die Nazis die Sache ausnutzten, als 1934 das 700-Jahr-Gedenken der Vernichtungsschlacht nahte. In der Eingangshalle der Berner Sankt Ägidiuskirche wurde eine Erinnerungsstätte eingerichtet. Mit Malereien und Wandsprüchen wurde dargestellt, dass erst durch Adolf Hitler das Vermächtnis der Freiheitskämpfer von damals erfullt worden sei. Und wie zu erwarten, wies nun auch ein Wandbild nach Rom: Der Papst überreicht dem Erzbischof die Bannbulle, das Todesurteil über die freiheitsliebenden Bauern.

Nun ja, ein großer Wallfahrtsort ist daraus nicht geworden, aus der Kirche noch weniger als aus der nahegelegenen Freilichtbühne. Gedenkstunden und Festspiele sind auf eher lokales Interesse gestoßen, und was die lutherische Gemeinde zu Berne heute von der Sache hält, kann der Besucher schnell erkennen. Der Raum ist fest verschlossen, nicht einsehbar, und wird als Abstellkammer genutzt. Das ärgste

Gemälde hat man schon 1945 von der Wand abgeschlagen, aus Furcht, die einrückenden kanadischen Truppen könnten es zum Anlass nehmen, die ganze Kirche in die Luft zu sprengen. Ein SA-Mann war darauf abgebildet, von einer Stedinger Bauernfamilie mit Hitlergruß empfangen, in der Hand das neue Reichserbhofgesetz: Der Führer erfüllt das Vermächtnis des Freiheitskampfes ... Die anderen Bilder sind noch da, dazu markige Sprüche in Plattdeutsch. Nur einer ist hochdeutsch, den Namen des Autors freilich hat man getilgt (ein gewisser Adolf Hitler). Das Ganze aber

gammelt unbeachtet vor sich hin, und so kann der Besucher seine Aufmerksamkeit dem figurenreichen Hochaltar und der prächtig restaurierten dreischiffigen Kirche widmen, an der sich vielerlei Schicksale durch die Mischung von Backstein- und Sandstein-Mauerwerk ablesen lassen. Und je nach Konfession mag der Pilger ins Nachdenken verfallen: der Katholik wegen der erzbischöflich-päpstlichen Grausamkeiten, der Protestant, weil man sich doch wohl allzu sehr der NS-Propaganda geöffnet hatte. Nachdenklichkeit: Gewiss nicht die schlechteste Frucht eines Beinahe-Wallfahrtsortes ...

Und wieder neue Legenden

Haben wir nicht alle erheblich aus der Geschichte gelernt? »Los von Rom« zieht nicht mehr so recht. Die nationalen Wallfahrtsorte in Deutschlands Norden verbreiten schon lange keine antirömischen Gemütsaufwallungen mehr. Eher scheint sich ein Gefühl der Dankbarkeit durchzusetzen all denen gegenüber, die schon vor Jahrzehnten zum Abbau von Feindseligkeiten beigetragen haben, sodass sich die Legenden von heute eher um die Friedensstifter als um die Schwertträger ranken.

Zum Beispiel wenn man, um die Gelassenheit des SPD-Ministerpräsidenten Dr. Diederichs (für Niedersachsen immerhin ein Nachfolger Bismarcks) zu rühmen, eine Begebenheit im Landtag zu Hannover ausschmückt und mit den Konkordatsverhandlungen von 1964/65 in Verbindung bringt. Da habe doch ein FDP-Abgeordneter, dem der Friede mit Rom gar nicht passte, sich so sehr in Rage geredet, dass seine dritten Zähne herauszufliegen drohten und er sie mit der flachen Hand festhalten musste. Da habe der Ministerpräsident nur gesagt: »Ich hatte von Ihnen, Herr Abgeordneter, die Antithese erwartet, und jetzt kommt die Prothese!«

Oder wenn man auf den hannoverschen Landesbischof Hanns Lilje, dieses lutherische Urgestein, zu sprechen kommt und von seinem Verhältnis zu Rom erzählt. Der hatte doch im Loccumer Vertrag eine gute Position seiner Landeskirche im Bundesland Niedersachsen gesichert, dann aber auch nichts dagegen gehabt, als die Katholiken mit ihrem Konkordat gleichzogen. Papst Pius XII., so will die Fama wissen,

sei gegen Ende seines Pontifikates gefragt worden, wen er denn unter den Bischöfen Deutschlands für den bedeutendsten halte, und dieser exzellente Kenner deutscher Verhältnisse habe, ohne zu zögern, geantwortet: »Das ist Hanns Lilje!«

Dies habe man Jahre später dem streitbaren Landesbischof hinterbracht, und bei der nächsten Tagung der Landessynode soll er sehr ernst geäußert haben, es sei doch wohl an der Zeit, neu über die päpstliche Unfehlbarkeit nachzudenken. Diese Geschichte ist dann angeblich in lutherischen Pfarrhäusern besonders gern erzählt worden – und niemand hat dabei an Bismarcks Schlachtruf gedacht »Nach Canossa gehen wir nicht!«

Der Spruch aber steht noch immer auf jener Säule in den Ruinen der Harzburg. Regt er noch jemanden auf? Schon vor Jahren waren wir mal wieder oben und tranken im benachbarten Gasthof ein Bier auf das Niedersachsenkonkordat. In der Wirtin, die seinerzeit den Blitzschlag noch erlebt hatte, vermuteten wir so etwas wie die Gralshüterin der nationalen Erinnerung. Aber wir hatten uns getäuscht.

»War wohl schlimm, dieser Blitzschlag damals?«, fragten wir.

»Jaja«, versetzte die Gute, »meine Waschmaschine ist dabei kaputtgegangen.«

Quellennachweis

Weißdornhecken und Landeplätze des Heiligen Geistes. Eine akademische Rede.
Vortrag vor dem Priesterrat der Diözese Hildesheim.
Privat bei Winfried Henze

Weihrauch und morscher Deckel
aus: Winfried Henze, Bördejahre, S. 83ff.
Druckhaus Köhler, Harsum 2011

Nach Canossa gehen wir nicht. Über die antirömischen Wallfahrtsorte in Deutschlands Norden
in: Vatican-Magazin, Mai/Juni-Juli 2014, S. 44ff.
Erscheint monatlich im Verlag fe-Medien
Bezugsadresse:
fe-Medien, Hauptstraße 22, 88353 Kisslegg,
Telefon: 07563-92006. E-Mail: vatican@fe-medien.de.
Erhältlich in ausgewählten Bahnhofsbuchhandlungen

Die Texte wurden für dieses Buch leicht überarbeitet.